D1695923

Bei uns auf dem Reiterhof

Bei uns auf dem Reiterhof

Nina Schindler

Lotta hilft dem neuen Fohlen

Bilder von Melanie Brockamp

ENSSLIN

In neuer Rechtschreibung

1. Auflage 2006
© Arena Verlag GmbH, Würzburg 2006
Alle Rechte vorbehalten
Einband und Innenillustrationen: Melanie Brockamp
Gesamtherstellung: Westermann Druck Zwickau GmbH
ISBN 3-401-45251-7
ISBN 978-3-401-45251-7

www.arena-verlag.de

Lotta und Mira fahren mit dem Bus
zum Schimmelhof.
„Ich freu mich schon so
auf die Reitstunde",
sagt Lotta
und zwickt Mira sacht in den Arm,
damit die auch richtig zuhört.
„Ich will wieder
für die Verlassprüfung üben."
Mira verzieht etwas den Mund.
„Ich auch.
Aber bei dem Regenschirm
regt sich Sigurd immer mächtig auf."
Lotta nickt.
„Und die Blechbüchsen findet er
auch nicht so toll.
Da erschrickt er jedes Mal!"

Osterholz 1km

Seit zwei Wochen üben Lotta und Mira
für diese Prüfung.
Beim großen Reiterfest im Sommer
wollen die beiden sie ablegen.
Dabei müssen Pferd und Reiter zeigen,
dass sie sich durch nichts
aus der Ruhe bringen lassen.
Das ist manchmal gar nicht so leicht!
Denn Pferde sind viel schreckhafter
als Menschen.
Ganz harmlose Sachen – wie zum Beispiel
eine Plastiktüte auf dem Boden,
scheppernde Limodosen
oder ein plötzlich aufgespannter
bunter Regenschirm –
sind für manches Pferd
schreckliche Ungeheuer!

Und vor Ungeheuern rennen Pferde
davon!
Deshalb üben Lotta und Mira
mit Sigurd immer wieder,
dass er ruhig weitergeht,
weil raschelnde Plastiktüten oder bunte
Schirme gar keine Ungeheuer sind.

Denn erst wenn sie
die Verlassprüfung bestanden haben,
dürfen sie allein ausreiten.

Frau Gerken, die Besitzerin
vom Schimmelhof,
steht in der Halle.
Sie longiert ein Pferd.
Lotta und Mira sehen ihr zu.
„Freya ist aber
ganz schön dick geworden",
sagt Mira.
„Wann kommt denn das Fohlen?"
Frau Gerken hat die Longe abgemacht,
tätschelt Freya den Hals und sagt:
„Brav, meine Süße.
Ein bisschen Gymnastik
tut dir ganz gut, was?"

Dann dreht sie sich
zu den Mädchen um.
„In vier bis sechs Wochen ist es so weit.
Ich bin ganz gespannt, was es wird."
„Wieso?" Mira schaut sie verblüfft an.
„Das wissen wir doch. Ein Isländer."

Lotta tippt sich an die Stirn.
„Du Dummi! Das ist doch klar!", ruft sie.
„Nee, die Frage ist,
ob es ein Hengst oder eine Stute wird."
„Ach so." Mira scharrt verlegen
mit dem Fuß im Sand.
Es ist ihr ein bisschen peinlich,
dass sie sich das
nicht selbst gedacht hat.
Schnell sucht sie ein neues Thema.
„Dauert es bei den Pferden
auch neun Monate
wie bei den Menschen,
bis das Baby, äh, ich meine das Fohlen,
zur Welt kommt?"
„Nein", sagt Frau Gerken.
„Bei den Pferden dauert es elf Monate,
die brauchen länger."

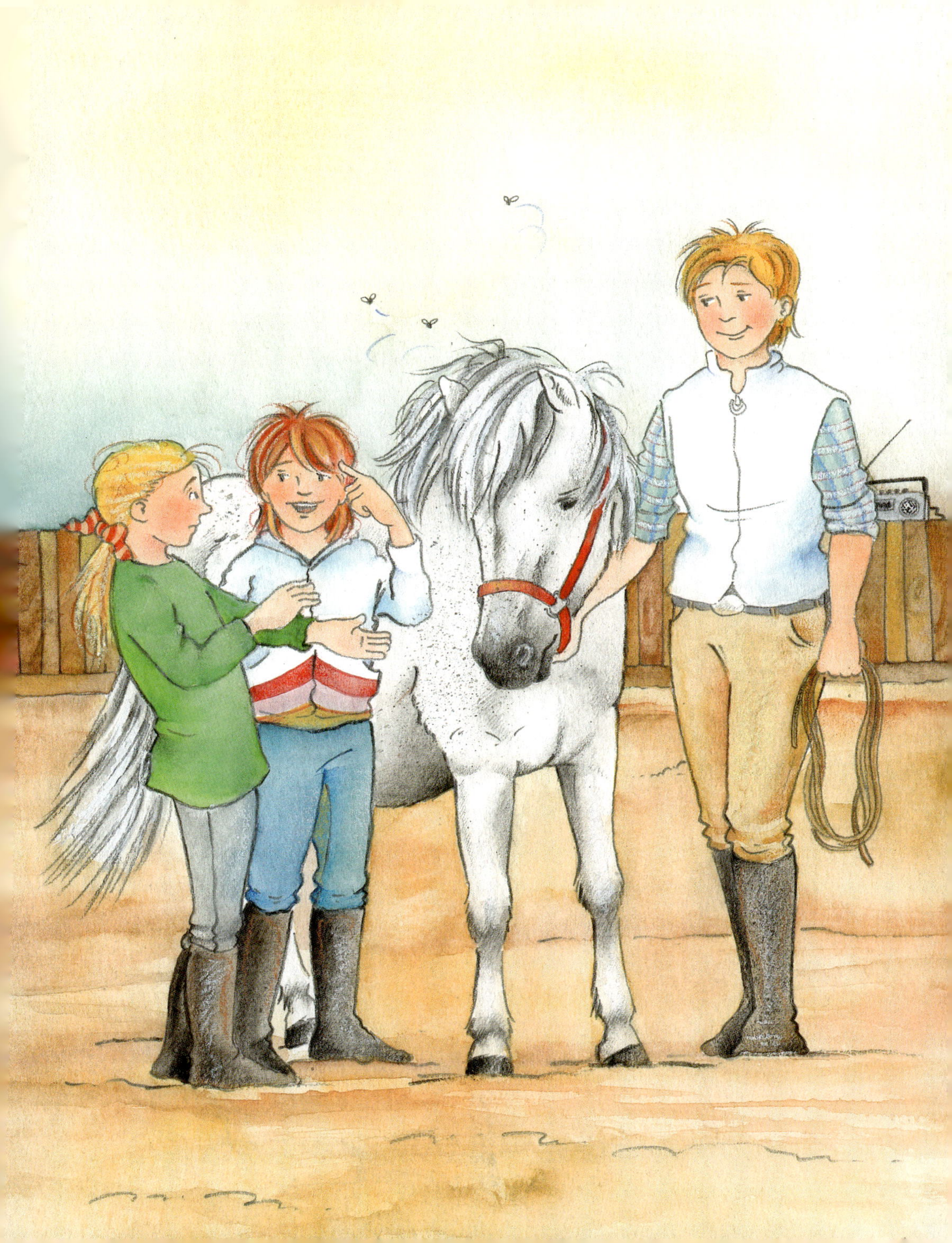

Frau Gerken klickt den Führstrick
an Freyas Halfter
und führt sie aus der Halle.
„Jetzt holt euch mal euren Sigurd,
damit wir mit dem Unterricht anfangen
können!", ruft sie den Mädchen zu.

Als Lotta und Mira wenige Tage später
auf den Schimmelhof kommen,
herrscht große Aufregung.

„Stellt euch vor: Freya hat heute Nacht
ihr Fohlen gekriegt!", ruft ihnen Lasse zu.
Er führt gerade sein Pferd
zum Sattelplatz.
„Oh, cool!", schreit Lotta
und rennt zum Offenstall.
Mira düst hinter ihr her.
Aber dort ist niemand.
„Wo können die denn bloß sein?"
Mira schaut sich suchend um.

Da hören sie Lasse rufen:
„Auf dem Paddock hinter der Scheune,
da sind sie!"
Ein Paddock ist
ein umzäunter Platz ohne Gras.
Auf einem solchen Platz
stehen die Pferde,
wenn sie nicht auf die Weide können.
Lotta und Mira rennen
wie die geölten Blitze
hinter die Scheune.
Tatsächlich! Freya steht ganz ruhig da
und das Fohlen stakst um sie herum.
„Och, ist das süß", ruft Mira.
„Wahn-sin-nig süüüß!"
Lotta ist ganz hin und weg
von dem Winzpferd mit den langen,
dünnen Beinen.

„Und es kann schon richtig laufen,
dabei ist es erst einen Tag alt –
nee, erst einen halben!"
Gerade schiebt das Fohlen seinen Kopf
unter den Bauch der Mutter.
„Oohhh, jetzt trinkt es!",
sagt Mira leise,
als ob ein lautes Wort
das Fohlen beim Trinken stören könnte.

Jetzt kommt Frau Gerken zum Paddock.
Sie gähnt, denn sie war bei der Geburt
dabei und ist die halbe Nacht
auf gewesen.
„Hat Freya das Fohlen
hier draußen bekommen?", fragt Mira.
Frau Gerken schüttelt den Kopf.
„Nein, ich habe Freya nachts
immer in den Stall gebracht,
in die große Box."
„Wieso ist denn das Fohlen
jetzt schon gekommen?",
fragt Lotta.
Sie haben doch gesagt,
es kommt erst im April."
Lotta sieht Frau Gerken neugierig an.
„Da siehst du mal, wie man
sich irren kann!", meint Frau Gerken.

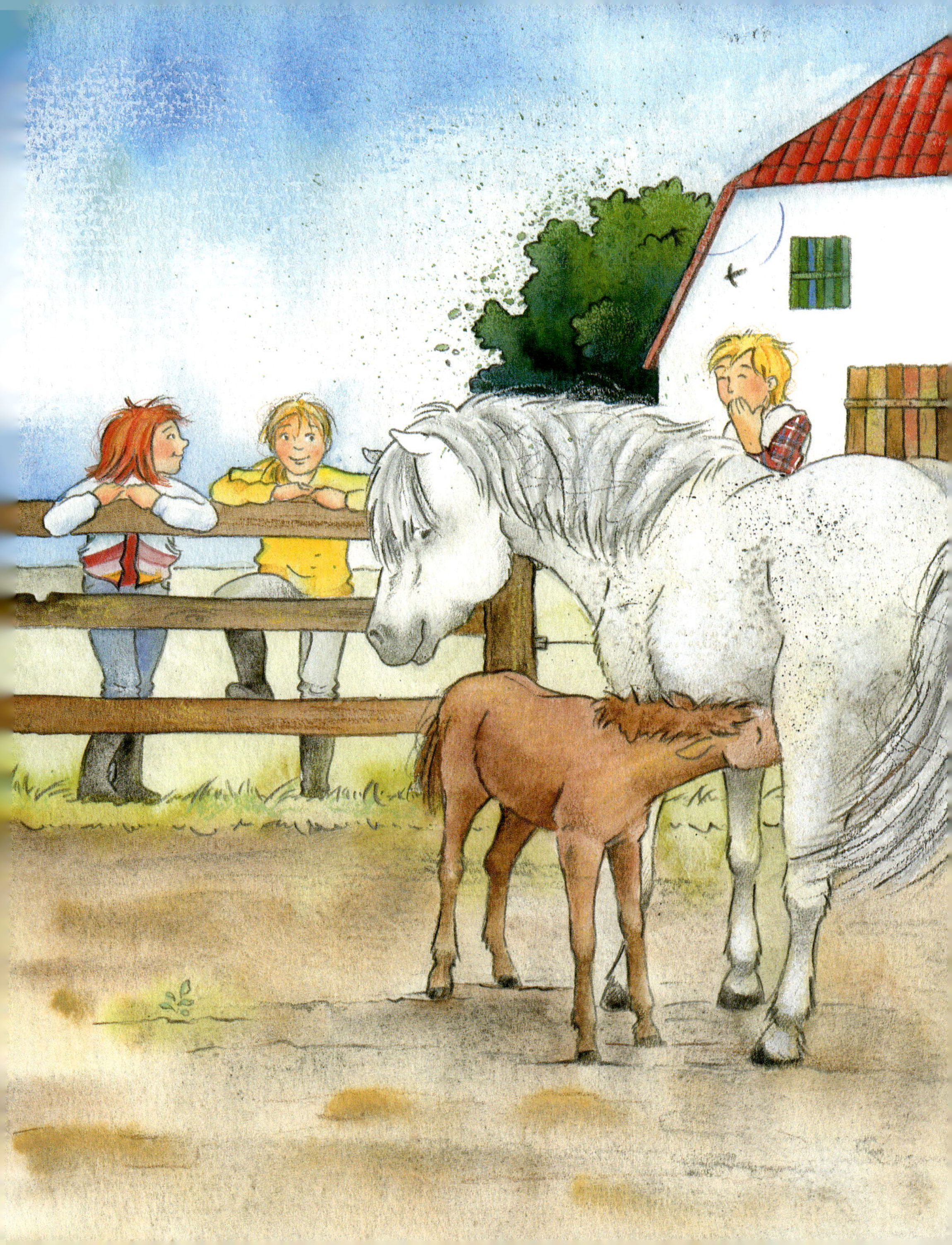

Sie lacht.
„Als Freya im April gerosst hat – so nennt man das, wenn die Stuten empfangen können –"
„Bei den Hündinnen heißt das läufig", tut Mira sich wichtig.
„Und bei den Katzen rollig."
„Stimmt." Frau Gerken lächelt.

„Tja, als Freya also im April
beim Hengst war,
klappte alles nicht so richtig.
Aber im Mai sah es so aus,
als ob sie wieder rossig wäre.
Ihr wisst ja, wenn eine Stute rosst,
dann hebt sie den Schweif.
Man nennt das ‚Blitzen'.
Damit zeigt sie, dass sie gern
zum Hengst möchte.
Deshalb haben wir Freya im Mai
noch einmal zu Körbers gefahren.
Die haben nämlich
einen schönen, starken Island-Hengst.
Aber offenbar hat es doch schon
beim ersten Mal im April geklappt.
Und jetzt haben wir hier
den kleinen Dalgir."

„Es ist also ein Hengst, ja?",
sagt Lotta.
„Dürfen wir ihn mal streicheln?"
„Wenn ihr euch langsam bewegt
und die arme Freya nicht erschreckt,
könnt ihr mal kurz rein zu ihr.
Aber ganz ruhig und gemächlich, ja?
Sie hat heute Nacht genug
durchgemacht."
Lotta und Mira gehen ganz langsam
auf Dalgir zu.
Er hat aufgehört zu trinken
und wendet ihnen
den Kopf zu.
Er reicht Lotta nur
bis zum Ellenbogen,
und als sie ihm die Hand hinstreckt,
schnuppert er daran.

Sie fühlt das kleine, weiche Pferdemaul
und bekommt vor lauter Glück
eine Gänsehaut.
Wie wunderbar sich das anfühlt!
Mira streicht Dalgir ganz zart
über die Mähne und den Hals.

„Schau mal, der hat ja Locken",
flüstert sie.
Dalgirs Fohlenfell ist lang
und leicht gewellt.
Lotta streicht Dalgir jetzt
ganz sacht über den Rücken.
Das ist ein wunderbares Gefühl!
Dann krault sie ihm die Stelle,
wo der Schweif ansetzt.
Das ist die Schweifrübe.
Sie weiß, dass Pferde
dort sehr gern gekrault werden,
besonders die jungen.
Das Fohlen bleibt stocksteif stehen
und schaut sie
aus großen, glänzenden Augen an.
Als wüsste es ganz genau,
dass Lotta es schrecklich gern hat.

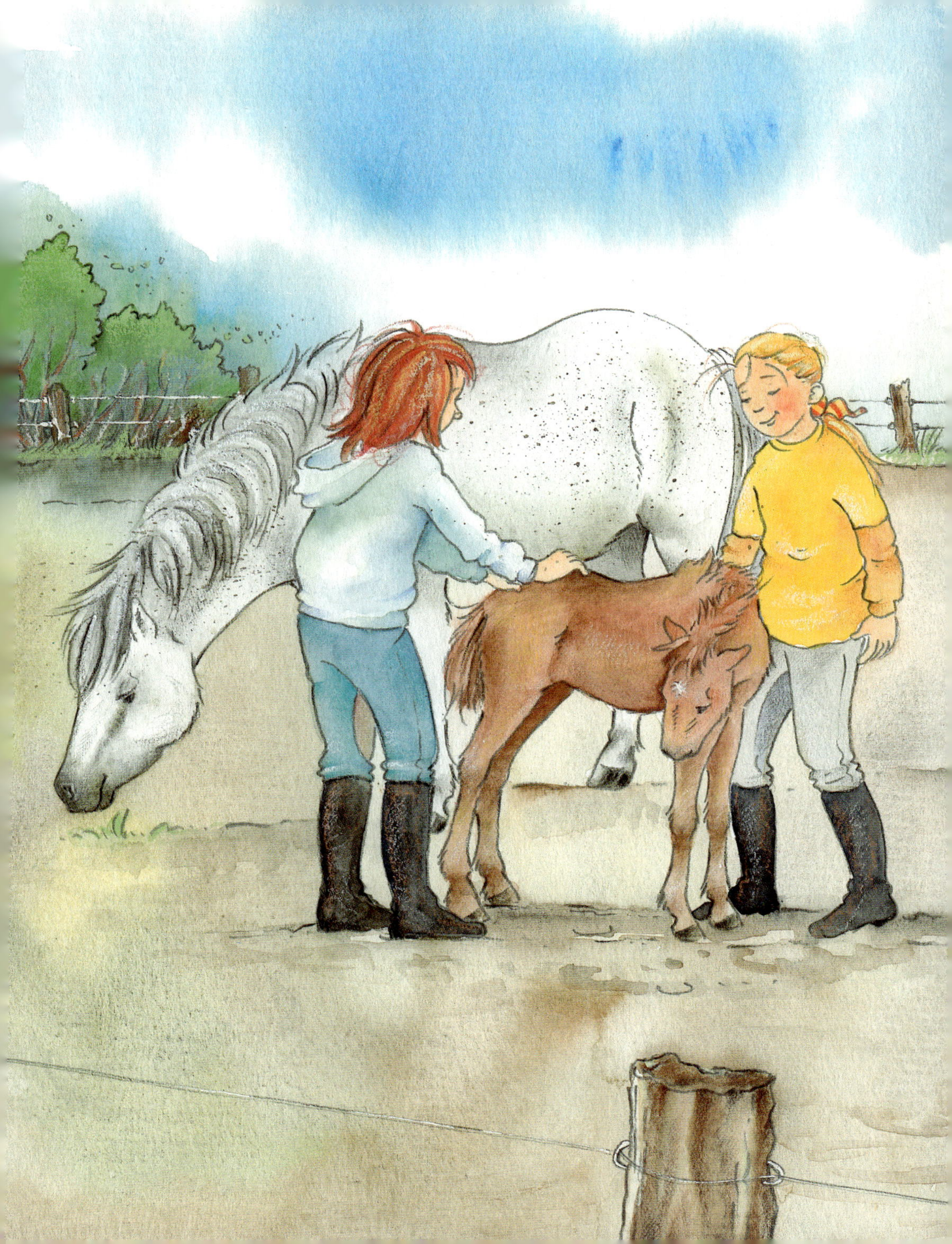

Doch dann macht Dalgir plötzlich
einen kleinen Hopser zur Seite.
Auf seinen wackligen, dünnen Beinen
mit den winzigen Hufen
läuft er ganz stolz im Paddock herum.
So als wollte er sagen:
„Schaut mal, was ich schon alles kann!"
Frau Gerken lacht.
„Du bist mir ja ein kleiner Angeber!",
sagt sie.
„Dabei warst du heute Nacht noch
ziemlich verwirrt."
„Wieso?", fragt Mira.

„Er hat seine Mutter gesucht
und nicht gleich gefunden",
sagt Frau Gerken.
„Jedes Fohlen sucht
gleich nach der Geburt
nach den Beinen seiner Mutter
und steckt sein Mäulchen dazwischen.
Denn da ist ja das Euter.
Aber Dalgir war noch
ein bisschen durcheinander.

Er hat ständig in der Stallecke
zwischen den beiden Pfosten
nach dem Euter gesucht.
Es hat ein bisschen gedauert,
bis er sich von uns
zu seiner Mutter führen ließ.
Aber dann hat er auch gleich
ganz gut getrunken."
„Manno, ist das aufregend",
sagt Lotta leise.
Frau Gerken nickt.
„Nun lasst die beiden aber mal ein
bisschen in Ruhe", sagt sie.
„Ihr dürft Freya noch ein Leckerli geben.
Schließlich war das ihre erste Geburt
und sie hat sich super gehalten."
Das lassen sich Mira und Lotta
nicht zweimal sagen.

Wie der Blitz sausen sie
zur Futterkammer.
Dann fällt ihnen wieder ein,
was Frau Gerken vorher gesagt hat.
Ganz langsam und leise
kehren sie zum Paddock zurück.

Vorsichtig haken sie
die beiden Elektrokabel aus.
„Keine Angst", sagt Frau Gerken.

„Im Moment ist kein Strom
auf dem Kabel.
In den ersten Tagen
darf man Fohlen nämlich nicht
in einem Elektrozaun halten.
Die würden sich ständig
Stromschläge holen,
denn ihre Tasthaare am Maul
sind noch nicht aufgerichtet.
Es dauert eben einige Zeit,
bis so ein kleiner Kerl sich
auf unsere böse Welt eingestellt hat."
In der Reitstunde können Lotta und Mira
sich kaum konzentrieren.
Immer müssen sie an Dalgir denken!

„Auf dem Schimmelhof
ist gestern Nacht
ein Fohlen zur Welt gekommen",
erzählt Lotta beim Abendbrot.
„Das ist unheimlich süß."
„Och nee!", sagt Mama. „Wie niedlich!"
Papa grinst.
„Dass ihr Frauen immer so
auf Babys abfahren müsst."
Aber auch Papa gibt zu, dass Fohlen
etwas ganz besonders Schönes sind.

Er verspricht Lotta,
dass er am Sonntag mit ihr
zum Schimmelhof fahren wird,
um es sich anzuschauen.
Mama und Mira dürfen natürlich
auch mitkommen!
Als Lotta und Mira am nächsten Tag
auf dem Schimmelhof ankommen,
laufen sie gleich zum Paddock,
um nach Dalgir und Freya zu sehen.

Mitten im Paddock
kniet Frau Gerken auf der Erde
und misst an Dalgir herum.
„Messen Sie, wie groß er ist?",
fragt Mira.

Frau Gerken steht auf
und rollt ihr Maßband zusammen.
Sie schmunzelt.
„Was ich hier mache,
nennt man das ‚Zigeunermaß'.

Man kann nämlich
ziemlich genau voraussagen,
wie groß das Fohlen einmal wird,
wenn man an seinem dritten Lebenstag
bestimmte Dinge misst."
„Und – wie groß wird Dalgir?",
fragt Mira.
„So wie es aussieht, kommt Dalgir
wohl mehr nach seinem Vater",
erklärt Frau Gerken.
„Der ist größer als Freya."
„Ist das gut?", fragt Lotta.

„Das ist prima", sagt Frau Gerken.
„Dalgirs Vater ist nämlich
eine richtige Schönheit.
Und jetzt – ihr beiden:
Holt euch mal fix die Bollensammler
und äppelt hier ab! Wir wollen doch,
dass Dalgirs Kinderzimmer picobello ist,
nicht wahr?"

Als Lotta und ihre Eltern mit Mira
am Sonntagnachmittag auf dem
Schimmelhof ankommen,
ist der Paddock leer.

Frau Gerken ist nirgendwo zu sehen.
Also machen sie sich auf die Suche
nach Freya und ihrem Sohn.
Auf der Weide stehen nur Sigurd und
die anderen Isländer, aber keine Freya
und schon gar kein Fohlen.
„Vielleicht sind sie im Offenstall",
sagt Mira und alle laufen dorthin.

Richtig: Im Auslauf vor dem Offenstall
steht Freya und döst in der
Frühlingssonne.
Aber kein Fohlen weit und breit!
Lotta und Mira rufen leise: „Dalgir!"
Doch Dalgir lässt sich nicht blicken.
Die Mädchen öffnen das Gatter
und blicken sich suchend um.
Das gibt es doch nicht!
Niemand würde Freya
ihr fünf Tage altes Fohlen wegnehmen!
Auch im Stall regt sich nichts.
Doch plötzlich ertönt
ein leises Wiehern,
fast wie ein Rufen.
Sofort sausen Lotta und Mira noch mal
zurück in den Stall –
und jetzt sehen sie Dalgir!

Er hat sich zwischen dem Stützbalken
und der Trennwand eingeklemmt.
Er zappelt ein bisschen
und stampft ungeduldig
mit seinen Winzhufen.
Die Mädchen schieben
und heben ihn ein bisschen
und dann ist er wieder frei.
Eilig stakst er zu seiner Mutter,
schiebt seinen Kopf unter ihren Bauch
und trinkt.
Freya nimmt das alles gelassen hin,
sie hat wohl die ganze Zeit gewusst,
dass ihrem Sohn nichts passiert ist.
„Der war bestimmt neugierig",
sagt Mama. „Aber ihr habt ihn
ja tapfer gerettet!"
Sie wendet sich Papa zu.

„Na, was sagst du zu dem jungen Mann?"
„Och, ist der süüüß!", sagt Papa
und alle müssen lachen.
„Siehst du", sagt Lotta befriedigt,
„dich hat es auch erwischt!
Fohlen sind einfach unwiderstehlich!"

Mein kleines Pferde-Wissen

Hier siehst du einige Kleinpferdrassen:

Deutsches Reitpony

Isländer

Fjordpferd

Haflinger

Welsh Cob

Shetlandpony

Bei uns auf dem Reiterhof

Nina Schindler

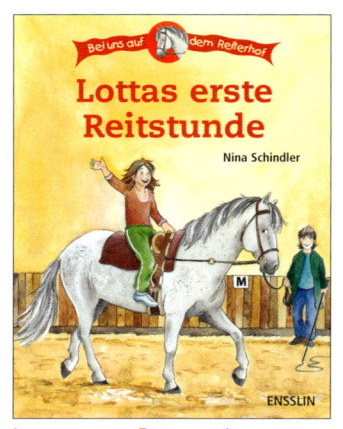

Lottas erste Reitstunde
ISBN 3-401-45176-6
Ab 1.1.2007: ISBN 978-3-401-45176-3

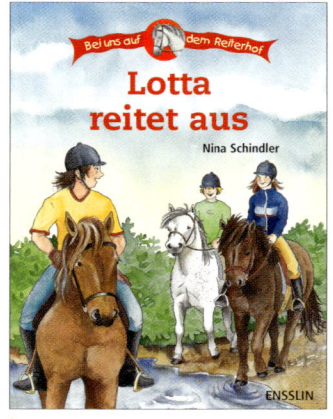

Lottas reitet aus
ISBN 3-401-45177-4
Ab 1.1.2007: ISBN 978-3-401-45177-0

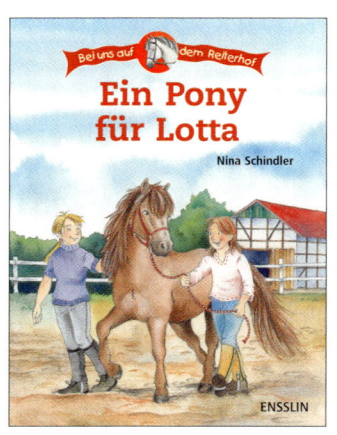

Ein Pony für Lotta
ISBN 3-401-45203-7
Ab 1.1.2007: ISBN 978-3-401-45203-6

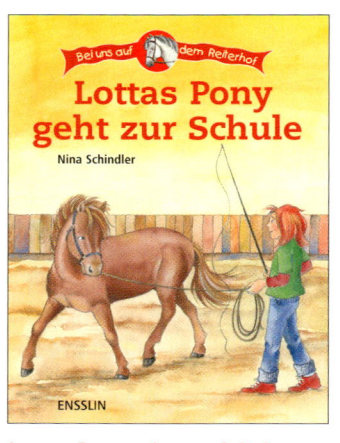

Lottas Pony geht zur Schule
ISBN 3-401-45212-6
Ab 1.1.2007: ISBN 978-3-401-45212-8

Jeder Band: 48 Seiten. Gebunden. Ab 6 Jahren
Durchgehend farbig illustriert. Fibelschrift

ENSSLIN
www.arena-verlag.de

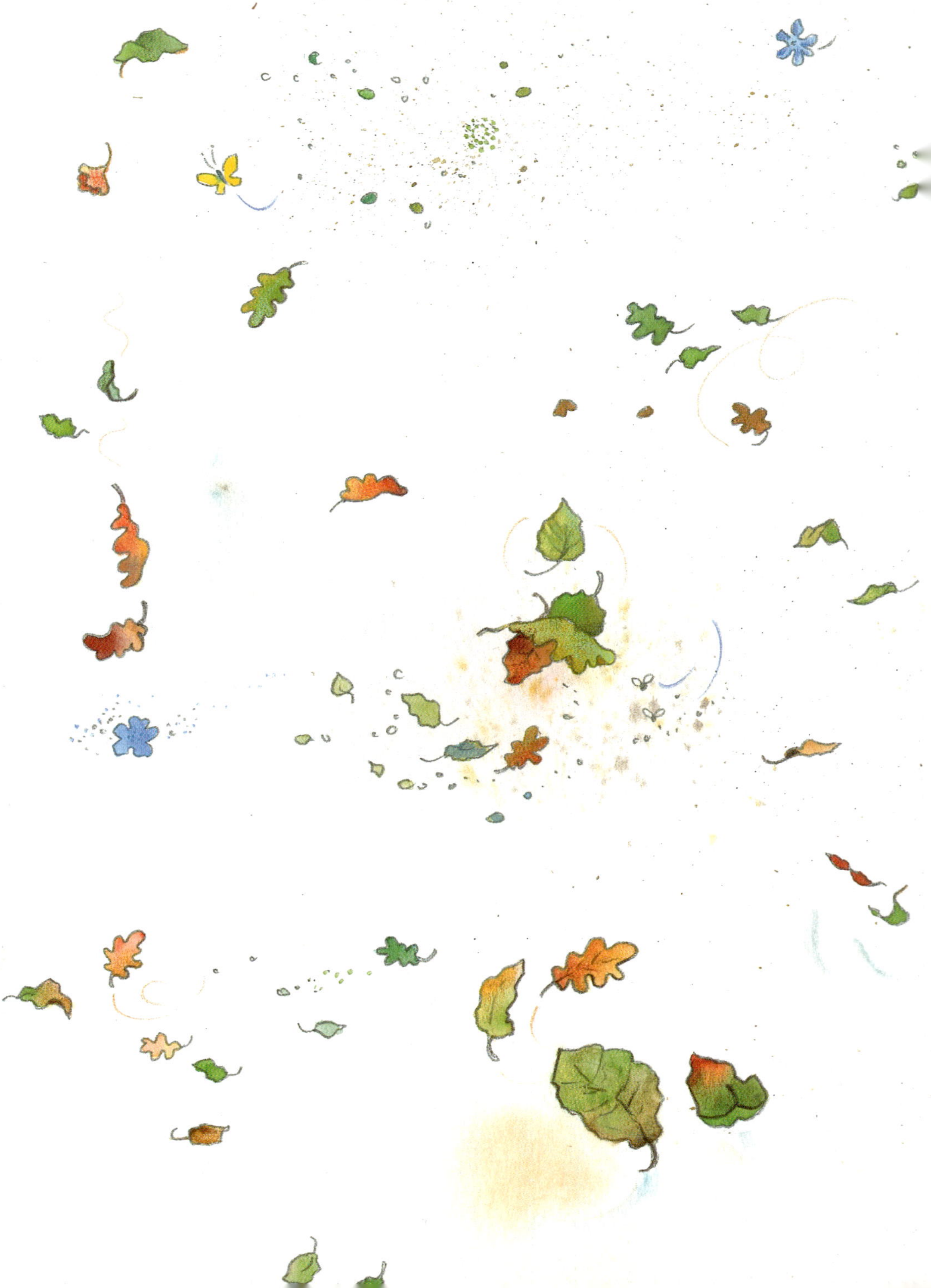